EL JARDÍN DE EPICURO

ExLibric

FRANCISCO ARANDA CADENAS
LUIS ONTOSO BERMEJO

EL JARDÍN DE EPICURO

EXLIBRIC
ANTEQUERA 2018

EL JARDÍN DE EPICURO

FRANCISCO ARANDA CADENAS
LUIS ONTOSO BERMEJO

EL JARDÍN DE EPICURO

A Natalia S. Ramos Díaz…
Francisco

A Nuria Ontoso…
Luis

Epicuro en un jardín
de lágrimas abstractas

La armonización entre poesía y pintura como un diálogo de conformidad entre lo visual y lo escrito hunde sus raíces en los albores fundacionales de la Grecia clásica. Desde hace algún tiempo se ha examinado la existencia de las entidades artísticas, si bien es cierto que desde el Quattrocento italiano la confluencia entre las artes plásticas y la literatura fue solidificándose en la obra de algunos sobresalientes creadores; aunque habría que esperar a los siglos XIX y XX para apreciar una conformidad que los hará inseparables. El surgimiento de las vanguardias en las primeras décadas del siglo XX tramó una urdimbre de coyunturas que favoreció la concurrencia entre escritores y artistas, una red inseparable de colores, formas y palabras que adquirirá preponderancia en las corrientes artísticas surgidas después de la II Guerra Mundial, sobre todo en Occidente, y que llegará hasta nuestros días en un tránsito lleno de altibajos, fraguando con fuerza, en la multitud de propuestas que nos ofrecerá la posmodernidad.

Desde el arranque de la modernidad contemporánea el entendimiento entre lo escrito y lo pintado ha supuesto un deseo integrador de las artes, y fue consustancial a la inmensa mayoría de los movimientos artísticos en los años más agitados de la vanguardia plástica. La crítica tradicional no ha prestado el interés que merecía a esta confluencia plástico-poética, sobre todo, cuando nos referimos al ámbito hispano, que siempre tuvo a bien separar ambos campos. Esto contribuyó a un grave desarreglo en la cultura española contemporánea, lo que evidenció un vivir de espaldas, que juzgaba tanto más penoso a la luz del ejemplo que podían ofrecer fuera de nuestro país las relaciones entre la lírica de un Apollinaire, Paul Eluard o Jean Cocteau, con las propuestas rupturistas del cubismo picassiano, o el respaldo brindado por John Ruskin al movimiento prerrafaelista del fin de siglo británico, además de los episodios de carácter ilustrado como el representado en Londres por el círculo de Bloomsbury, con Virginia Woolf a la cabeza, o las corrientes críticas y estéticas centroeuropeas que idearon desde la *Secesión* vienesa a los planteamientos expresionistas y "espirituales" contenidos en grupos como *Der Blaue Reiter* (El jinete azul). Solo el complejo universo que giró en torno a la Generación del 27 en la España anterior a la Guerra Civil constituyó un categórico ejemplo en contra, proporcionando intercambios y continuidad entre ambas experiencias. Habría que esperar a los últimos estertores del franquismo y los primeros años de la democracia para que volviera a brotar con fuerza este maridaje plástico-poético en un sinfín de notables ejemplos que forman ya parte de nuestra historia del arte-poético.

La praxis artística revelada en las cromáticas ilustraciones que nos presenta el pintor Luis Ontoso, en los que se intercalan los vivenciales versos escritos por Francisco Aranda para este libro, suponen la manifestación revivida del *ut pictura poesis* horaciano, un encuentro entre expresión plástica y palabra que ejemplifica el paradigma de hasta dónde pintura y literatura pueden fundirse sobre los mismo itinerarios. Una unión que queda demostrada en las diferentes bifurcaciones que confluyen en el placentero *Jardín de Epicuro;* donde la mujer, como sujeto innegable, cobra supremo protagonismo en los distintos entornos y ubicaciones que el poeta malagueño ha decidido para ella; un *locus amoenus* donde el disfrute y, a veces, la carencia del amor se interrumpe o complementa, según desee el lector, con la potencia visual post-expresionista y gestual que desprenden las páginas coloreadas por el pintor madrileño. La mirada y la escritura se alían aquí con un objetivo común: el deleite prudencial de la vida.

Francisco Aranda recupera "El jardín" de Epicuro en la orilla del mismo mar Mediterráneo que hace más de dos mil años bañaba la costa más cercana a Atenas, donde el filósofo de Samos fundó su hedonista escuela filosófica. El lugar elegido por nuestro poeta no es otro que su propia ciudad: Málaga, una nueva polis, que a diferencia de la griega, se "desangra" en el arranque de este nuevo milenio, que amenaza y hiere las almas de sus habitantes que se han vendido a un mercantilismo deshumanizado. El apocalipsis se aloja en la ignorancia de los viandantes que transitan por una ciudad también milenaria, renacida en cada paso perdido, resurgida en cada huella grabada sobre la ficción alojada en charcos de agua y sucios limos. Esta es, tal vez, la razón por la que el malagueño decida retornar a las loables enseñanzas de Epicuro, como único medio de redención. A través de sus punzantes y apasionados versos, logrará revitalizar de nuevo ese espacio "ajardinado" donde la esperanza y el amor son detenidos regularmente por pinceladas de abstractas e irisadas lágrimas.

La búsqueda de la alegría es el sentido último del poemario que ahora tienes entre tus manos, una constante indagación construida con la certidumbre de saberse feliz al poseer el don misterioso que de vez en cuando nos procura la vida: el amor. El amor absoluto se metamorfosea aquí en poesía pura: un arte escrito capaz de apartar por momentos las asperezas que nos condenan a la melancolía. Aranda cultiva con mimo y maestría su particular vergel, porque ansía que florezca en él el Paraíso perdido, como símil de la propia lírica. Pero ese lirismo es vulnerable, como también lo es la ternura, y ese constante pavor que produce la llamada del tiempo. Quizá por eso sus versos desprendan en ocasiones un fulgor dionisíaco de amor bacante y desesperado, una suerte de alienación enturbiada por borracheras de nostalgia y dolor. No es gratuito que haya elegido a Verlaine como testigo de su sacrificio, en vez de acudir a Khayyam: cantor supremo del vino.

La dualidad asoma por doquier, como un fatídico encuentro de los contrarios: el día que envuelve a la noche, y la noche que destruye cualquier atisbo de claridad no contenida. Pero el amor todo lo consigue, de ahí su constante convocatoria, ignorando los riesgos que conlleva la búsqueda de un equilibrio que no precipite la caída. Se percibe un perseverante miedo al vacío, un temor a sentir la soledad como una interminable e hiriente ráfaga de viento; pero ese vendaval puede desfigurar su forma y convertirlo en un acariciante mar al ser contemplado por los ojos de su amada. La huida es siempre hacia adelante, ignorando las bifurcaciones a las que nos invita el silencio y el abandono, aliados perpetuos del no-amor. Con él nos haremos partícipes del paso de las estaciones como vestigios ineludibles del transitar del tiempo, aunque seamos conscientes de que esos períodos cubren la cotidianeidad de todos los amaneceres. El reloj cumple la función encomendada por los dioses, y se erige en el eterno vigilante de su vida, nuestras vidas, que se van diluyendo como el polvo entre el agua de la lluvia.

—Epicuro no es sino la mirada que el poeta sugiere para recuperar una mítica Hélade inexistente, un emplazamiento feliz que nunca le perteneció. La aparición en escena del Carro de Tespis alude a la tragedia como metáfora indisoluble del teatro de la vida, como una proyección platónica en la caverna de su más profundo yo. Obsesionado con la muerte, el vate usa la poesía para alejarla momentáneamente, y la transforma en un arma capaz de ralentizar ese espacio que acabará ocupando nuestro cuerpo: "¿será que la memoria es imperecedera, que no lo es la vida, que el recuerdo puede salvar de la muerte?", como interpelaba el no menos epicúreo Cabrera Infante. A este jardín contemplativo acude también como invitado invisible el fantasma de Mallarmé, pero no como un elegante tahúr que hiciera malabares "a golpe de dados" con el azar del tiempo, sino como sanador que asistirá a la imposible cura de esa enfermedad connatural al hombre, y a la que también llamamos vida. Una existencia dibujada en algunos poemas como formas fugaces que se proyectan sobre nuestra retina —apariencias acaso imaginadas— pero que cobran un inusitado vigor en la desestructurada musicalidad que emerge de las vivaces y acrílicas manchas de color propiciadas por el expresivo coautor plástico.

Sobresale un orgullo reivindicativo con cierto afán juglaresco y luminosidad panteísta cuando el poeta decide cantarse así mismo, como si aflorara de su sombra el reflejo níveo de la barba de Walt Whitman, un canto que a diferencia del norteamericano ahonda en la torpeza diaria de lo que significa ser hombre. El ayer regresa como restitución de una memoria atrapada en la aflicción de cada crepúsculo, un hábito que vuelve la vista atrás para recoger los lamentos olvidados, pero siempre con la seguridad de hallar en cada una de las palabras escritas la calidez de todas las primaveras. El tiempo transcurre veloz, adquiriendo a veces la alargada y serpentina forma de un tren antiguo envuelto en la sublimación del "humo y la tormenta", como si de un romántico cuadro de Turner se tratara (Turner trastocado en Luis) los versos de Francisco Aranda quedan atrapados como nebulosas pigmentadas en improvisados lienzos.

La sensualidad que profesa el amor carnal se manifiesta como la fruta de temporada, a la que hay que esperar cada año para saborear su lujurioso gusto. La sexualidad es glorificada como un elemento salvífico de la rutina ordinaria y anodina, manifestada a veces como una criatura abismal que mora en el mundo de los sueños, otras más, cobra vida en el destello cegador de la persona querida. El acto amatorio concilia animalidad y humanidad con la efervescencia coital de una "batalla erótica", un entrañable combate capitaneado siempre por la mujer, alegoría de la tierra de la que germinarán flores para urdir guirnaldas de ilusión. Hay poemas que abrazan un misticismo intrascendente, real, como el sonido inapreciable que desprenden los campos después de haber sido labrados, un silencio adherido a lo más profundo de la belleza.

Pero la desconfianza no llega a desaparecer del todo, se percibe un persistente temor a la llegada del otoño, como pérdida del amor, un sentimiento de desamparo ante la forzosa caída del mundo, proyectada sobre unas hojas marchitas que cubrirán como una alfombra de miedo las calles de una ciudad ideada en los recovecos ocultos de las palabras. Todo ello fuerza al destino inevitable de la contemplación del Hades, una visión que se torna borrosa ante la aparición de la pena al adivinar el inapelable confín de la existencia. El nihilismo se camufla a veces como un ilimitado vacío "agujereado de silencio", cuando proclama oteando el horizonte, la inmensidad del "desierto y más, desierto". La sorprendente negación del oficio de escritor, no elude la de poeta, por eso escribe, como si en esta elegida condena hallara su única salvación.

Habitamos por momentos el jardín de Aranda teniendo la certeza de que la crueldad de la urbe nos aguarda al otro lado de la tapia; en él aprendemos de sus enseñanzas poéticas, y nos embelesamos con el decir tranquilo de sus versos: vida respirando vida. Y sin embargo, la muerte acecha a cada instante, en cada intersticio, en cada respiración no expulsada; la muerte camuflada en sueño, en noche, en absoluta oscuridad , una muerte causada por la desidia de la mujer amada, que convierte el lecho del placer en un féretro donde yacer temporalmente. "¿Mañana resucitaré?", se pregunta el poeta. Y yo le respondo: "resucitarás".

JOSÉ LUIS PLAZA CHILLÓN
Doctor en Historia del Arte

"En la oscura raíz del sueño siento
con qué puro poder puedes llamarme".

José Ángel Valente

"De todos los bienes que se procura la sabiduría para que la vida
sea feliz, el mayor es la amistad".

Epicuro

No queda ya más vino en mi copa. Lejos
están los viñedos. Al sur-sureste de tu cintura
hay un sauce dibujado con tinta azul, y reposa mi cuerpo
entre las luces y las sombras. Aunque recuerdo cientos
de caminos, mi mapa y mi brújula se han estropeado
con las lluvias de finales de febrero. Aquel largo día finlandés
del poeta, era al igual que la Naturaleza y el Arte de los que
ahora desconfío.
Ni se acerca Dios por los oteros, y es el amor un tópico impostado.
Verlaine es mi testigo, y no queda ya más vino en mi copa.

Muchacha vertebrada en la vaga memoria de los días, recuérdame
que aquel largo día finlandés del poeta es un pan poco cocido,
el aceite del deseo que tempranamente con un mal vinagre se
mezclara.

Hojarasca

"Que me voy, amor/ que te quiero y que me voy queriéndote/
para no quererte nunca más".
Elvira Sastre.

He encendido uno de mis "Philip Morris". Entre
esta niebla mortecina y gris te recuerdo.
Ahora eres igual a este humo difuminándose
por las rendijas de la persiana. Nos encontramos,
aquella vez, en el mercado de los cuerpos y de las almas.
Aturdidos por la *maladie du siècle* —éramos tan ingenuos
como egoístas— nos empapamos en alcohol y trampas
                    para pájaros enfermos.
Aunque llegamos a conocer el verbo amar, hemos sido políti-
camente sumisos.
No es por valentía que digo esto, sino porque lo absurdo
del asunto, es que estuvimos sin embargo vivos
como colibríes asustados frente a un espejo de falsas certidumbres.

El amor que se escancia en el cuenco de la noche
curte las heridas, apaga la sed, brinda presencias.
Es solo la caparazón insípida quien se resiste al beso,
a la mordedura febril de primavera en los costados.

¡Qué alegría tenerte de nuevo por aquí,
solaz de mis manos!
Hay quienes dicen que somos
momentáneos dioses; no somos salvo
una simiente en el desierto.
¿Habrá agua entre las dunas?
¿Podremos salvarnos a nosotros mismos?
¿En esta densidad del día
permanecerá el amor
hasta la oscura noche de nuestros ojos?

En el lugar en que te nombro no existe arquitectura;
un vacío sí, una rueda que gira, el nombre de otras cosas.
Lluévese entonces la noche, lluévese entonces el día
obre la lengua y la garganta. La piel erizada
es musgo de palabras, equinoccio de palabras,
mientras los albatros residen ciegamente en la tierra
o se apartan lúdicos en el cielo. Lugar donde te nombro,
no eres ya, jamás lo fuiste. No hay salvo una letra olvidada
en la resina de los árboles por donde caminamos juntos.

A modo de Haiku

A Ricardo Acevedo...
Poética: po-ética.
El 'Poes' y
la 'Ética'.

En la noche hay fisuras, no menos en el día.
Fisuras en el cuerpo y en el alma, que vienen
a ser lo mismo y viceversa. Columna vertebral
quebrada, me sostiene las dos piernas.
No huyo de mí, en mi vacío estaré hilvanando
con las manos. Aquí me encuentro, ciego
de un ojo, manco, huero el corazón, tan solo cáscara.
Mas estoy vivo, y siento que el deseo comienza a amanecerse.

Si es así, que en el pecho habita un agujero, así he de caminar
alejado de los dioses, incierto en la vereda, asunción de finitud.

No hubo placer en la noche de los tiempos.
Se engendró turbio el mundo, tal vez
fuera necesario para distinguir el día de la noche.
La luz ardida daña la visión, mas la oscuridad la ciega.
Sin embargo los amantes se encuentran casi siempre
en el vórtice del fuego o en lo abisal del alma.

Agregar una mujer al paisaje —barro encinta—,
agregar un hombre a la calle, despojarlos
de cuanto en ellos es derrota y cansancio.
¿Acaso no es necesario acercarse a la alegría
desde todos lados? Cuánto hay de vida
en ellos, es sencillamente vida, y aunque
cuentan con la muerte, esa impenetrable
astuta, han aprendido a caminar. Una mujer
y un hombre, sin abismos ni cláusulas
de seguros, ahí mismo donde el aire, donde
la luz, frente al sol íntimo, no son nada
y sin embargo, con los meses y los años
que trascurren, ellos se amanecen cada día,
se mezclan, se entrelazan... Agregar
mujeres y hombres al paisaje es como estar
en medio de una torrentera de voces, una cascada
de palabras; son muchos los gestos, muchas las miradas,
una sinfonía que corteja los espacios, el deseo de ser
frente a la nada.

A David Ruíz…

Retorno a escribir algunas letras. Quizá sean palabras
no nacidas del tremedal del espíritu. He aquí
de nuevo, resuelto entre versos y espigas, confiando
las madure el sol, las macere el tiempo, hasta que el crepusculino
de los días las devuelva a mí con humor y sentido.

Compruebo el vértigo en el aire, en la tierra la raigambre
exasperante, y busco una hilvanadera del tiempo
que me haga abrir los ojos, solaz de mis ojos ya despiertos.

Oh luz, oh poesía, oh manos de los hombres de-lirando
a campo abierto, y nuevamente regresando al surco, y removiendo
el mineral, haciendo acopio de las aguas, velando
sueños y la más bella heredad del amor y el verbo.

Juventud

Me fueron reveladas cien pasiones.
Entre cielo y tierra, la mar tocó la llaga
con salítreas manos. Yo era un corazón
al galope en terrenos agrestes.
Cien pasiones me fueron reveladas, las mismas
que prendieron en mi alma. La luz
de mi mente se nubló, el puro exceso
hizo de mi frente un sudario. Tan solo fui un cantor
al igual que una cigarra exhausta y hambrienta,
y no degusté sino una sigilosa nada aguardándome.

Ahora, entre cielo y tierra, la mar tiene la bondad
de advertirme de esas cien pasiones, que me han habitado
desde siempre. Aunque no soy una hormiga, tengo
pan de centeno en el invierno y una manta.

Aljibe insomne, pozo insomne, acequia insomne
de las aguas que seducen los campos, en vosotras
humedezco mi cuerpo de labrador de versos.
Ya pronto el estío llegará a su fin, quizá algunas aves
retornen a países lejanos, y vosotras hablaréis en nombre
de la vida. En el de-lirar entre los surcos, las semillas
ocultan la tierra como un manto anhelante de lluvia.
El agua, siempre el agua, como de Tales de Mileto la sospecha.
Y aquí, con mi café rutinario, leyendo la prensa, buscando
unas cuantas palabras que expandan mi deseo, ocupo esta
mañana.
La noche libará de mi pecho soledades. El vacío es una llamarada
ante la posibilidad del amor junto a una mar de presencias.

Ese tiempo fugaz de la poesía retratando
el tiempo, como si todo fuera

        presente escribiéndose,
          condensándose
en pasos que se cuentan, con la ironía que arrebata
soledades al poema, y vivenciar la muerte de soslayo,
que es como hay que contemplar a la muerte.

Oh, Dios preciso de las cosas, cubierto de musgo
entre la piedra dura, solo un hilillo de agua
nos muestra tu latido. Efecto de verdad, hallazgo
puro en el precioso instante en que tus salivas
se hilvanan al poro sensitivo de la tierra.

Yo era un niño de la tarde, porque en la tarde
había frescura de manzanas y el pan aún crujía.
Un niño sin coche de pedales y sin bola del mundo, pero los mirlos
se acercaban a mi carne y depositaban flores diminutas
de pétalos de palabras, de tallos de palabras, del color de las palabras.

Yo era un niño de la tarde, abrazado al duro tronco
de los árboles y el mar, cercano entonces, me traía
rumores de barcos antiguos, voces preñadas
de paisajes, el siempre azulino mar con olas
del Mediterráneo, las cuencas salítreas de mis manos.

La tarde. Un niño. Un libro.
Carpetas escolares con que afrontar la negra noche.

He abierto de par en par mis sienes y de ellas
salen trenzas de muchachas, el paciente hilado
de Penélope, algo parecido a un mirlo que no tiene nombre.
Abro mis ojos. La luz arrebata mis pupilas. El sol es de poniente.

Como muchos de los que nacimos en 1966 ando a caballo
entre dos mundos. Siempre fueron mayores que yo mis amigos,
y los de mi generación me hacían ascos. Pero yo abro de par en par
mis sienes y de ellas salen frascos de almizcle, voces de poetas
amigos, una utopía que guía el sendero a pesar de la realidad
más cruda.

Es natural en estos casos ir acostumbrándose a ciertas caídas, a ciertas
bajadas al infierno, a hacer navegación de cabotaje, a mirar tus ojos
con las mismas ganas conque trato de vivirme en esta ciudad,
que intenta devorarnos a todos con su aliento de gasoil y su
boca de asfalto.

Y sigo abriendo de par en par mis sienes, y estás ahí y no te has ido.
Todo a mi alrededor es entonces una voltereta en el salivar del beso.

El jardín de epicuro

Violín que habitas en mi pecho, háblame de los placeres sencillos,
de la amistad, entretanto se pueblan mis sienes de mesura,
       mis
          cabellos
     reposan   en mis hombros.

En el Jardín de Epicuro sané
la resaca del dolor en madrugadas
    tibias.

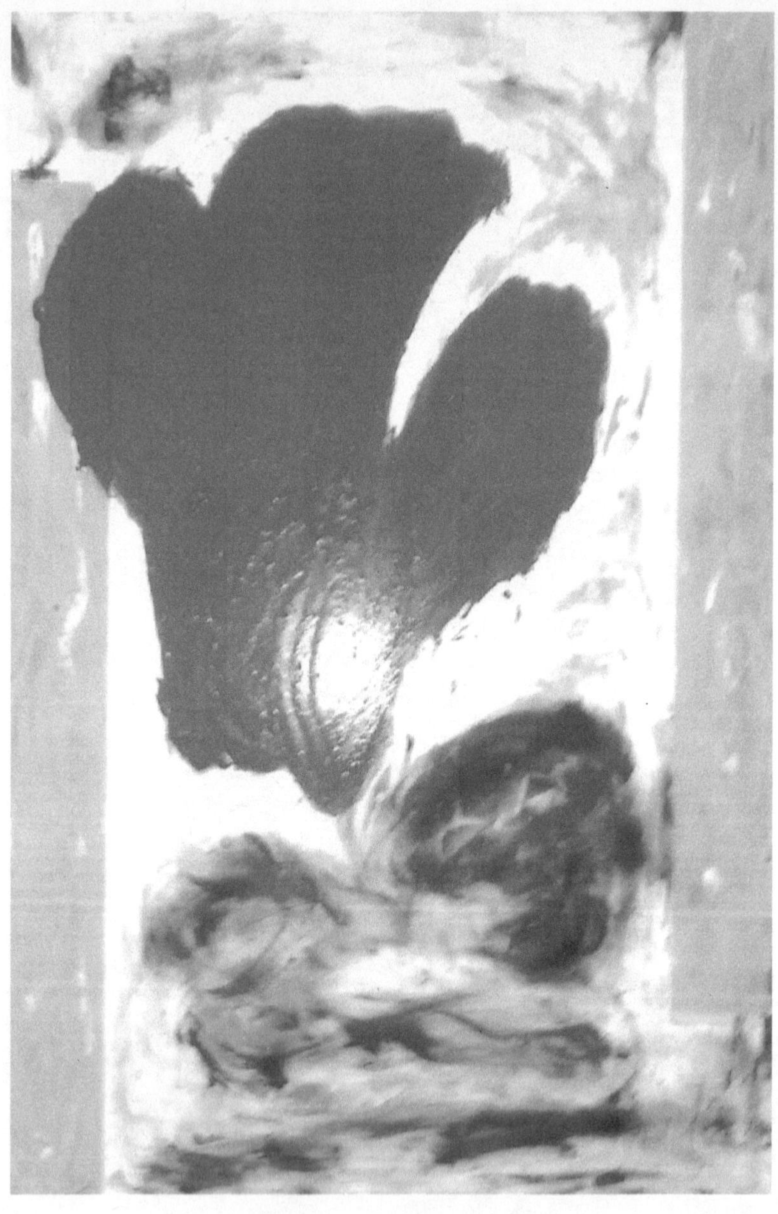

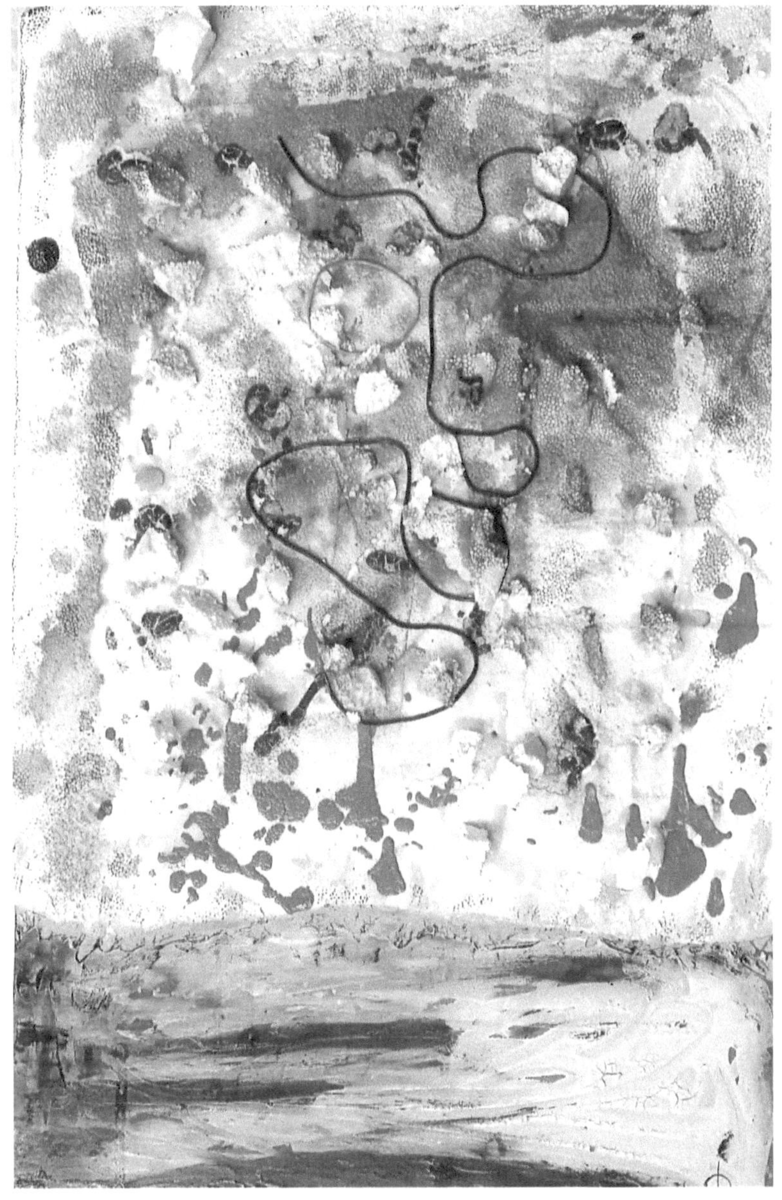

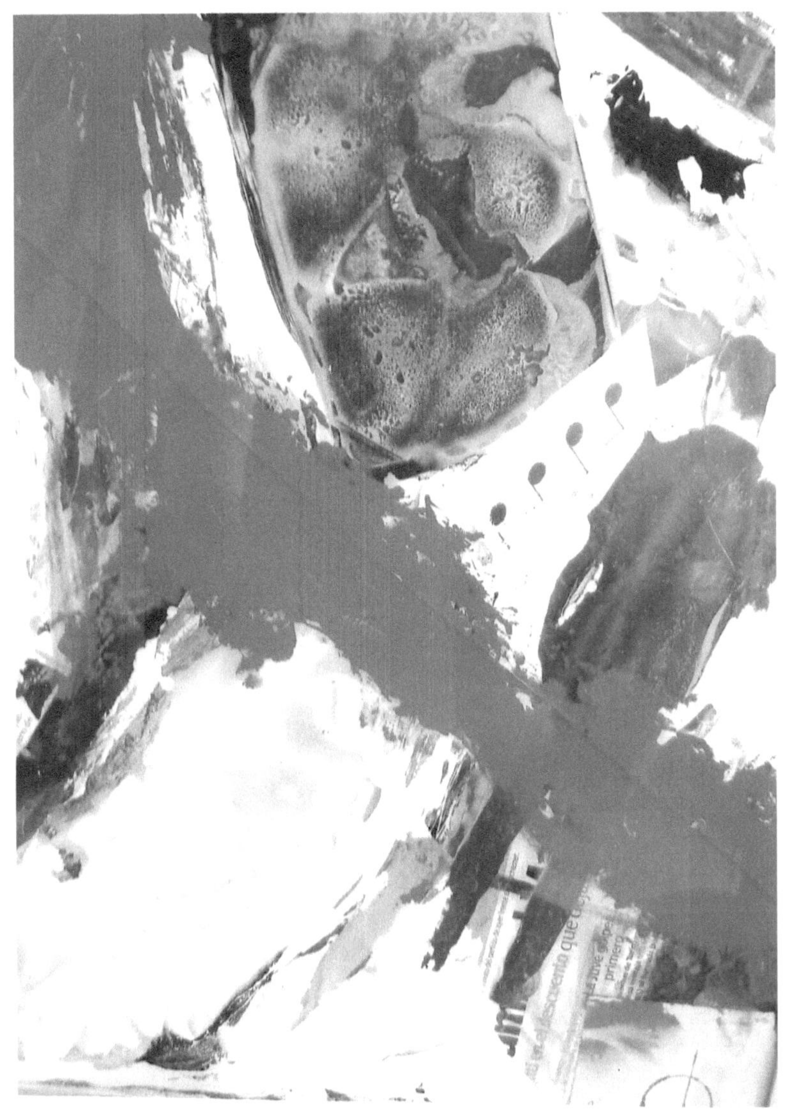

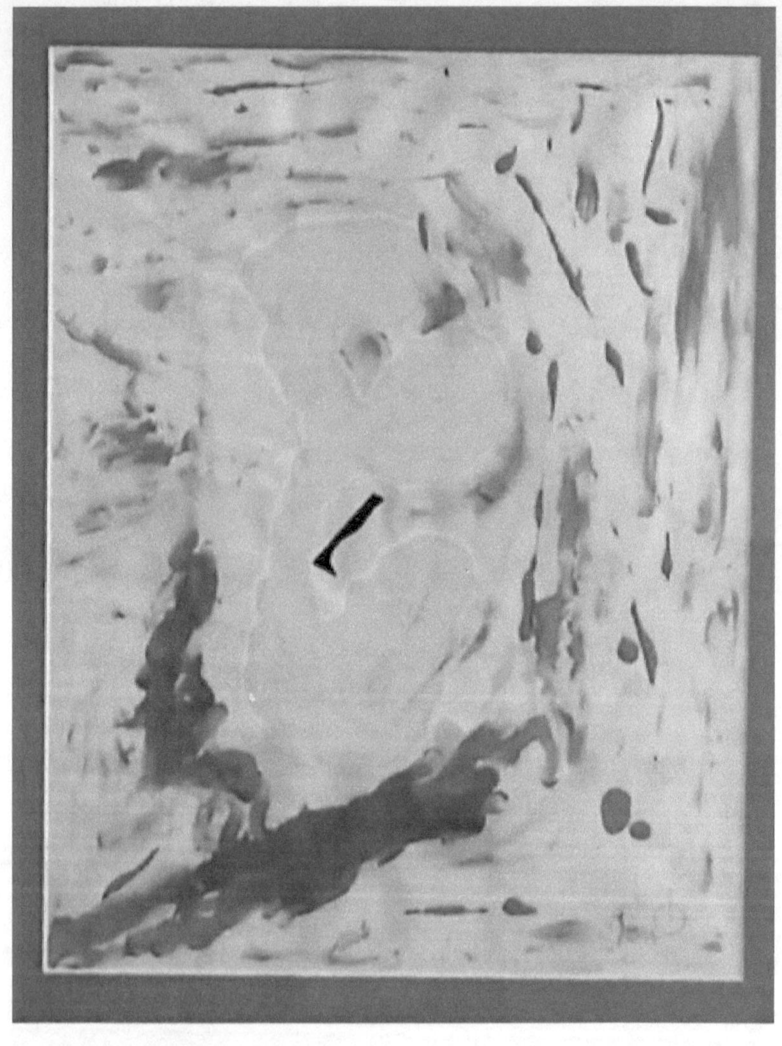

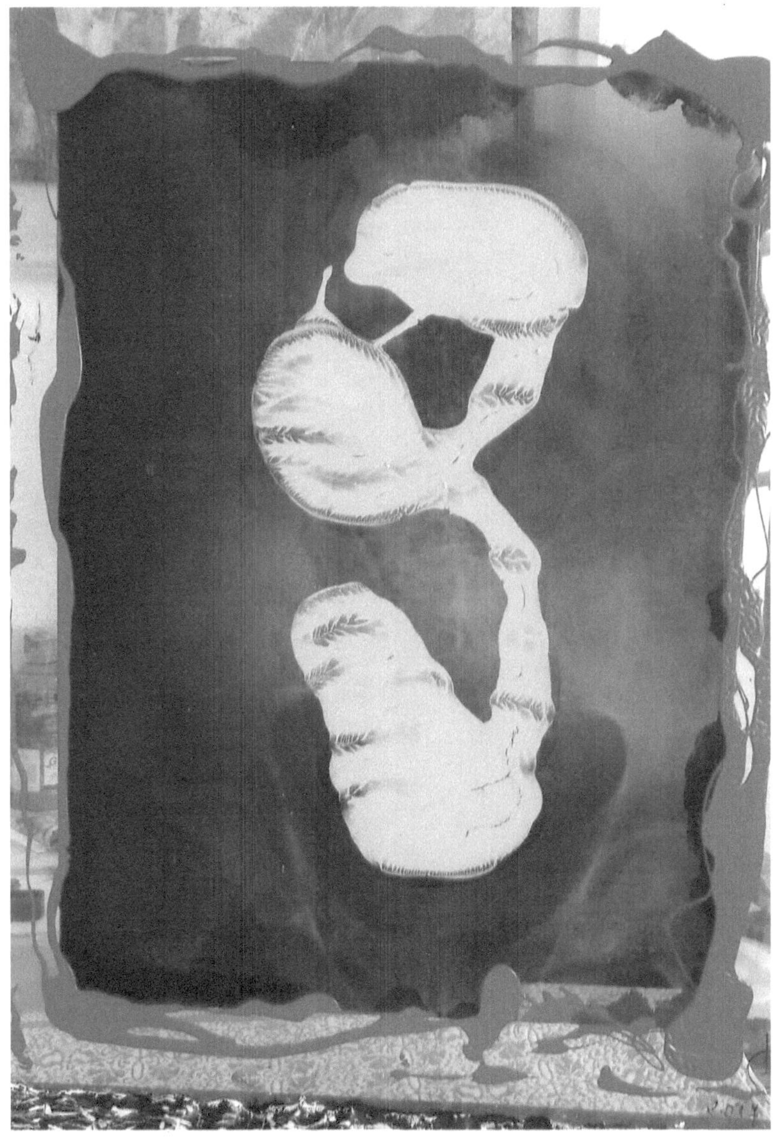

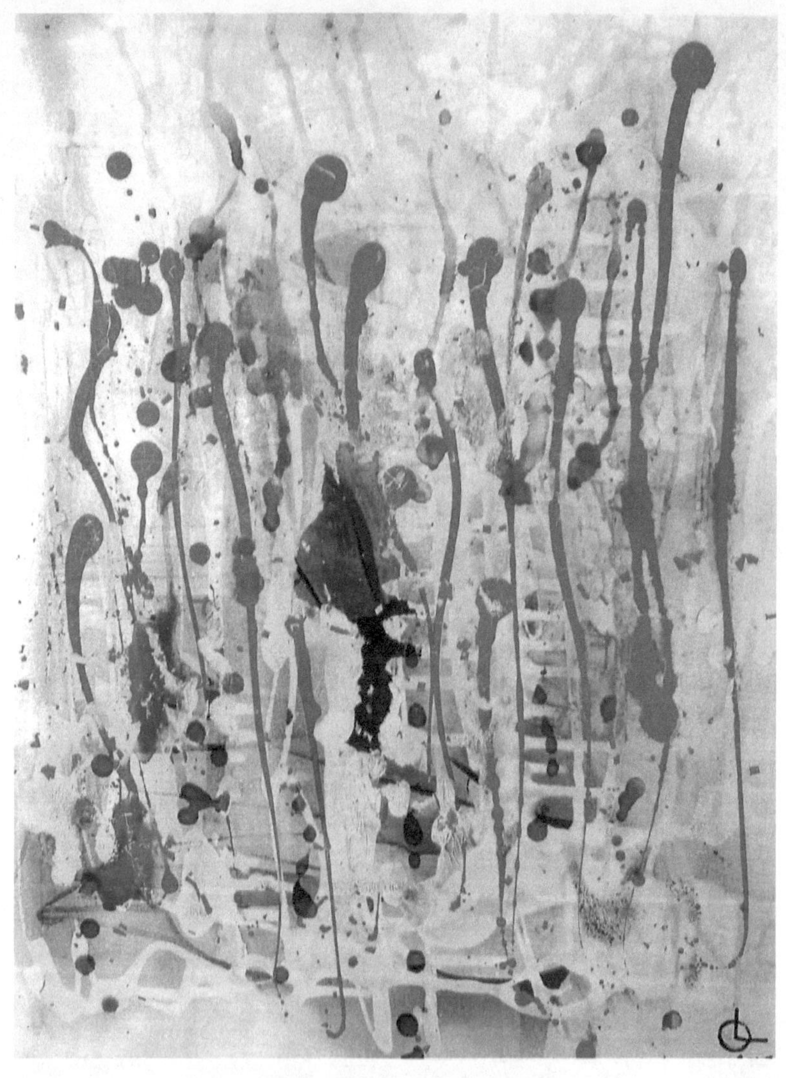

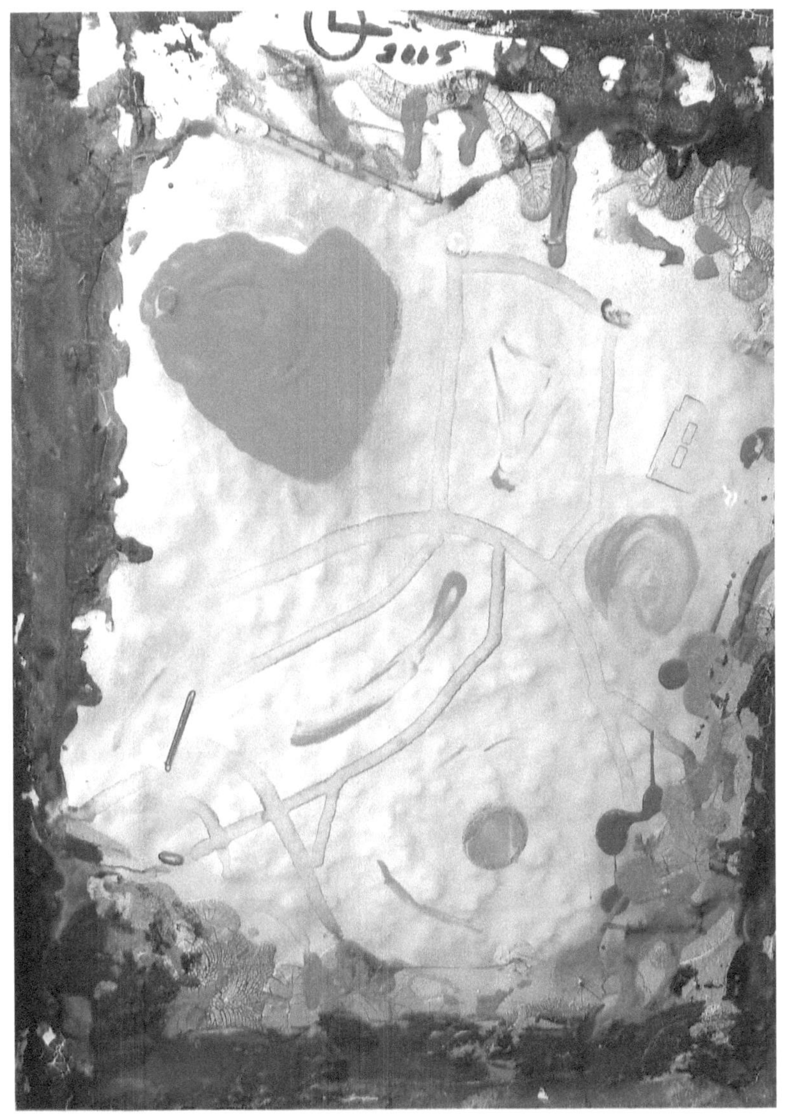

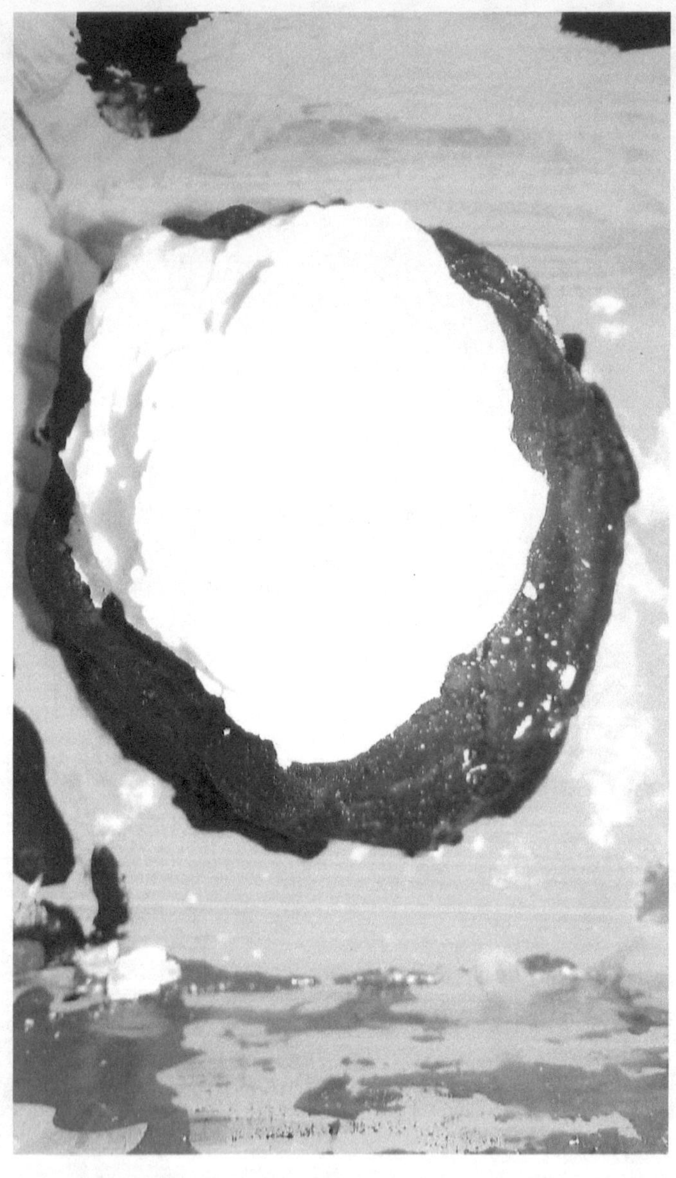

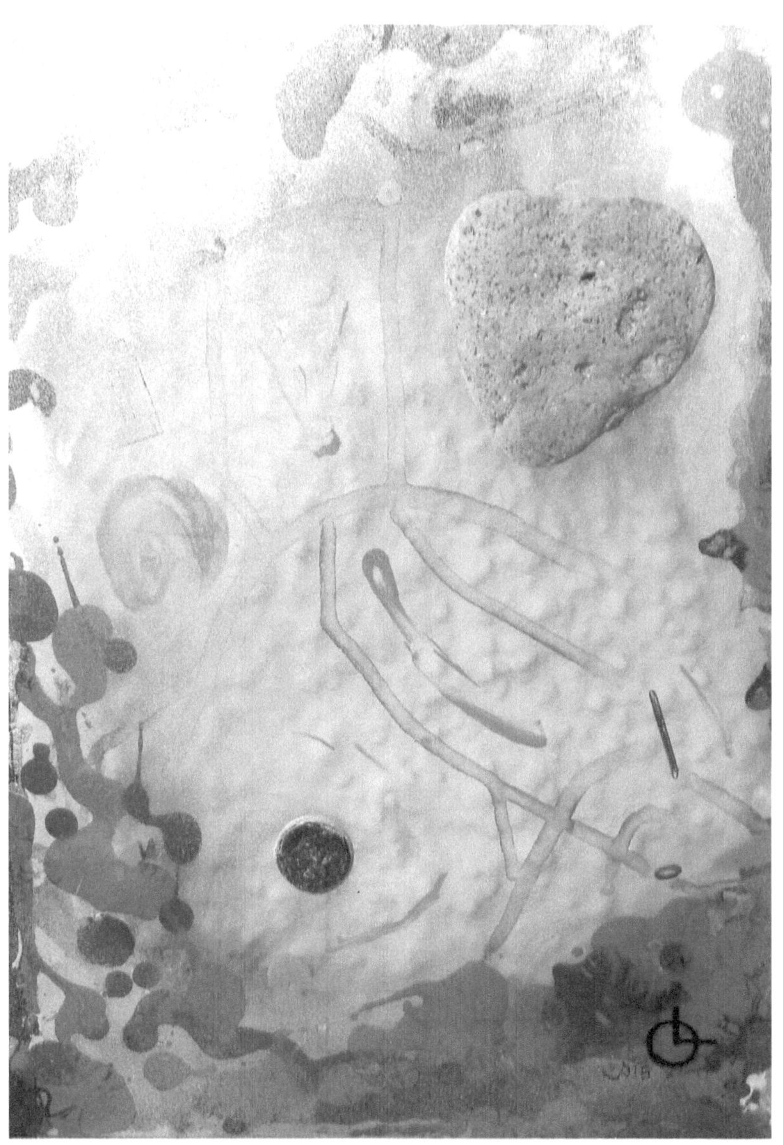

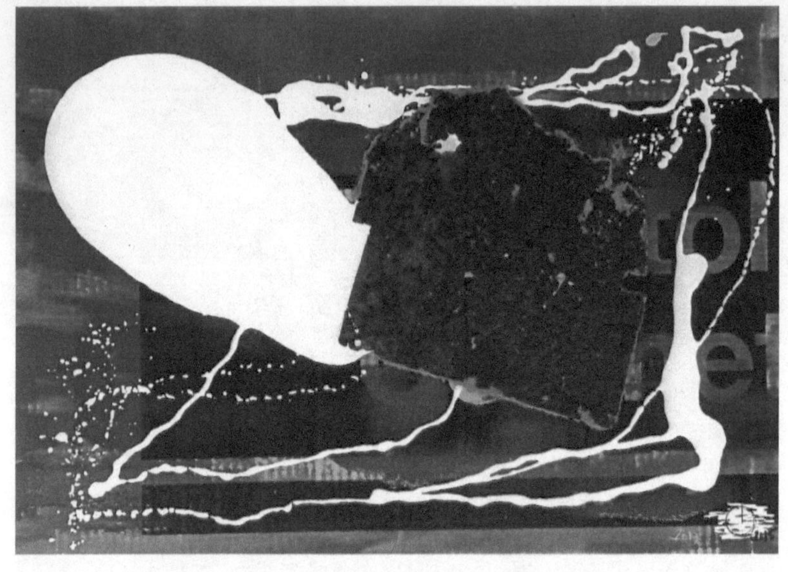

Una mujer me dijo una tarde

Una mujer me dijo una tarde, que el poeta había de ser
responsable de su palabra escrita, amoroso con su palabra escrita,
al igual que con su palabra hablada. Una mujer me dijo
una tarde plena como ahora —recuerdo en esta madrugada feliz
                                    de abril de 2017—,
que el poeta había de ser sencillo, audaz,
y lo caligrafió en mi pecho, en mi frente, lo caligrafió
con una mirada desafiante mientras acariciaba mi mejilla y mi
mentón.
Ahora miro mis manos. Están manchadas de tinta como cuando
era niño,
labradas en tinta,
            jugosas de tinta,
                        madurando en tinta.

Verdaderamente muy poco sé de amor y otras orillas; esto me duele
en cierta manera. A penas si vislumbro valentía en mi corazón
o astucia
en mi mente (candidez de paloma quizá alguna vez la tuve). Hoy
me pregunto
muchas cosas, sin pretensión alguna de adelantar el alba, tantas cosas
que no hallaré respuestas en la oscura brevedad de la noche, mas
mi pulso
se acerca seguro a la primera luz rompiendo desde el este.

Las estatuas de sal que se alimentan de amapolas,
el liviano rocío ajado por las horas matinales,
el mar, auténtico, en la sien del niño.
Los visitantes de las tierras del sur ocupan las laderas
de las colinas, se acercan al olivo, pisan las uvas
que enrojecieron sus rostros. A lo largo de los caminos,
los puedes ver, en sus coches amplios, con la garganta
sudándoles, porque en estas tierras el sol abrasa
las palabras. Y luego, al sur—sureste de los años, los juegos
de niños en bicicleta, niñas que se empapan bajo la tormenta
estival, ancianos poseídos por la luz última de sus cabellos.
Voy a escribiros, ahora, acerca de las noches del sur,
cuando las aves reposan el vuelo, y los cuerpos, yacientes
sobre el lecho, se aman enredados en la brisa.
A borbotones lentos sale el agua de las paredes del sur.

Haikus imperfectos

(I)
Huidiza noche.
No existe su nombre.
Por la escalera desciende.
(II)
(V. Aleixandre)
Largo y denso verso
de las manos amantes
en la Ciudad del Paraíso.
(III)
Escucho rumor de olas
en la ciudad: no es
sino la brisa de la tarde.
(IV)
Llueve. Estamos
todos juntos en la plaza.
¡Qué importa mojarnos!
(V)
(Diván)
Las palabras, los afectos,
ascienden la escalera
de los sueños.

Aquellas mujeres que amé me vienen ahora al recuerdo.
Con cierta nostalgia veo amanecerse en mi memoria cosas
     del amor y de los cuerpos.
En la rada, junto a las barcazas que hablan con la luna de otoño,
las pienso, y llego a estremecerme incluso. Todo cuanto sé de ellas
es el *abrilear* de mi piel cuando las nombro.
Aquellas mujeres que amé entretuvieron mi vida en camas
con olor a sexo y al metal de los cuchillos.
Pero se ha vuelto normalidad aquella inventiva lúdica de los días
en que nos tomábamos
     de la mano.
Es hermoso tomarse de la mano. Ellas contarán ya con los cuarenta.
Soy algo mayor que ellas, y verdaderamente las extraño
porque no es saludable caminar solo por la ciudad, ya que los fríos
asoman, y decir Málaga es robar besos en los pasos de cebra,
acariciar los cabellos largos como enredaderas. Mas finalizó todo.

Todo está en silencio; es octubre; es mi ciudad; es la mordedura
de serpiente.

"Recuerda, oh cuerpo".
Kavafis

"Nunca la poesía de la tierra fenece".
John Keats

"Voy por tu cuerpo como por el mundo".
Octavio Paz

Sobre tu piel mis manos no vacilan, y escancian
    sudor de tierra.
Me quedo prendido de tu cuerpo en la noche nupcial,
    son las estrellas un pálpito sonoro,
las avenidas de tus ojos, los puentes de tus párpados
    tienen ritmo de paisajes;
ese camino a través de la música que conduce a tu palabra.

Canción nuestra entre las sábanas, solaz de la carne, la luz
suave como una perla en la habitación; tenemos entonces,

                                        Luna,
una hermosa reinvención de nosotros mismos.

No son estos poemas que te escribo el lugar
en que te hallo, sino
    en tu larga cabellera negra,
      en los brazos que me acogen,
en tu meditación silenciosa cuando contemplas la mar,
                                    y en tus besos

con los que yo me libero dulcemente
                    de los sacerdotes del mundo,
                de la niebla entre las páginas,
                de esta casa a veces demasiado tranquila.

He aprehendido hasta la última letra salida de tu boca.
He colocado un cuenco vacío en el alféizar: beberemos
agua de rocío en el amanecer y en la noche. Y me digo,
esto es algo tangible en mi pecho, a pesar de las sombras
que bordean y colman rincones de la vida, a pesar de que hemos
                        de despedirnos
cuando el legítimo día nos anuncia al abrir la ventana,
que la zarpa de la ciudad nos vuelve a tomar infatigable.

                        A Natalia Silvia Ramos Díaz

A Natalia S. Ramos...

¿Sabes cuánto ha resistido mi corazón, cuánto han resistido mis sienes?

La palabra salvó mi mundo, y he pecado, mordido

la manzana del Paraíso, inscrito versos en el tronco

del Árbol del Bien y del Mal. Ahora puedo dar cuenta de ello.

Con la escritura me he reinventado, me he acercado hasta a ti

haciendo una humana parodia de la vida, simplemente viviéndome

donde jamás la tristeza de mis ojos alcanzase *tembladeral*

de tu cuerpo, cuando nos amamos en el exacto filo de la tarde.

Ya en la noche, desnudos como labios desnudos, como la desnuda piel

de la flor que se convierte en ave, de la sed que se transforma

en pómulo,

nos miramos a los ojos con silencios musicales, y comprendo

los fragmentos de un lugar incompleto en nuestro pecho.

El rostro de la muerte también ocupa su espacio en la habitación

solo un instante, a modo de recordatorio, como si nuestra cadencia

pudiera olvidar el final del pentagrama. Es el alba, el alba misma

a pesar de la luz, quien definitivamente nos separa, nos devuelve

al tránsito más demoniaco de las horas. Salvo la nada trae consigo

una respuesta a la carnación de nuestro verbo. Como una mujer

y un hombre ciegos hemos salido a la calle. Esta cálida torrentera

del otoño nos toma del brazo, nos hunde en la mar para luego

quedar suspendidos de una ola que barre el pozo en que bebemos.

Tú estarás en cualquier punto de la ciudad. Yo en el pasillo de

un bosque

donde se abren lentamente las voces del viento deletreando

nuestros nombres. Siquiera podemos aferrarnos a un mañana,

tan siquiera podemos arrojar nuestros besos a los lobos
para que sean despedazados, y despertar así de este sueño de
Mito de la Caverna.
Porque me pregunto si no seremos tan solo un encuentro donde
el crepúsculo
se ensancha hasta no ser más que un suspiro locuaz y también
oscuro. Ya lo dijiste, lo menos sagrado es el amor. Se separan
neciamente nuestras manos.
No sé si resucitaremos después de tanta piedra. Ya no creemos
en el imaginario
de la juventud, y los años se van acrecentando bajo el sol y la lluvia
como pájaros de papel que caen a tierra irremediablemente.
Pero yo no quiero morirme de estar muerto, desvanecerme en
la tibieza
de una cama donde no estés tú, abrir mis ojos en la madrugada
y sentir
como el frío me corteja. Deseo ver al menos el rapto de felicidad
que compartimos
en la línea de un horizonte tan familiar como un poema escrito
a dos manos,
saber que en nosotros está toda belleza y no en la memoria de
acequias y de aljibes,
y creer a pies juntillas que ningún ser humano es una isla,

                               por más que lo sea,

                               por más que por todos sea

           pronunciado.

Si alguna vez hubo flores que asustaban, mientras mirabas
las fotos del National Geographic, fue una demanda de amor
subrayando un deseo. La caída de la hoja en los otoños,
me recuerda la habitación de par en par, la única medida
de las cosas, cuando vivir ya no es un manicomio y se comprende,
que el crujir del suelo es solo anécdota. Después llegan los in-
viernos;
notables primaveras, primaveras con muchachas
en pantaloncito corto o minifalda; la incertidumbre de hormiguero
en la playa en los veranos. Acudes a llorar —es la vigilia de los
vivos—,
para sonreír una vez te hubiste desahogado en la tristeza, y sabes
que tienes más años, que has envejecido, que tu historia es otra
historia,
aunque todo parta de lo mismo —orfandad de ser, estar en el
abismo—.

Un seno desnudo rasga el velo de la noche.
Abotonada está la luz de la lámpara a este espacio vacío.
Quién gime entre las sábanas, qué fulgor imprime
su sello en la carne. Palomas abatidas descansan
sobre el alféizar.

Donde antes se inscribieran palabras en la arteria invernal,
algún símbolo, signos nutricios, toda de colores la ciudad
repleta de mítica memoria, clamó despacioso un aire mudo
al igual que una noche que galopara la noche.

Mas no hubo abrigaderas, fue tan solo un sordo clamor
del mudo aire de diciembre junto al puerto. Aun así,
arribaban barcos y más barcos, y de súbito lo oscuro
—casi presagio— y todas las corolas besaron las raíces;
                                             fue el silencio.

Parecía que tú me hablaras, yo te hablase, todos quedos,
inarmónicos, arrítmicos, sobre una enorme y gélida mano.
Parecía la Nada contemplándose a sí misma enceguecida.

Habíamos cerrado los ojos un segundo, y pudimos ver entonces
                                             desierto y más
desierto.

Allí, entre ciudadanos de toda índole, anduve por aceras.
El poeta es un ave solitaria que no juzga a los hombres; ave
condenada a cierta forma del exilio, pero que entre todos camina.
Allí, junto a un bosque huidizo, en la ciudad nombrada
con extraña jerga, el poeta sabe de su desnudez y de su verdad
más íntima.
Yo, que no soy poeta, ni poema ni canto, porque me desamarré
del verso,
amo, sin embargo, la poesía. A veces tarareo una canción en el tren,
me amanezco en acantilados marinos, cierro algunos bares donde
estar ebrio
es una forma de comunión con la belleza. El poeta escribe acerca
de la vida y de la muerte
en su propia cárcel albergada por pájaros y arbustos con frutillas
silvestres.
Quiero decir algo, no sé, algo parecido a un verso en la madru-
gada, cuando bebo luz de luna
como el colibrí liba la flor; y es que voy a decirlo: la sencillez es
pluma ligera de paloma cercana.

Las aceras se ejambrean con el aire

Los transeúntes recorren las aceras. A menudo veloces y jadeantes;
son pocos
los que pasean con cierta tranquilidad por las calles de la urbe.
El viento otoñal sopla y todo es enjambre humano, mas la miel
escasea,
la miel de las sonrisas, la miel del beso, las mieles de la vida.
Torturados desencuentros en tortuosas calles, el gran Corte Inglés
devorando
gente, y el mar en silencio, la mar en silencio. La polis se desangra
a voz en grito. Los muchachos pasean encerrados en su música
del móvil, ciertos cuerpos
pasean sus musculitos, alguien lleva un libro en la mano, alguien
un paraguas.
Copulan los insectos en el cieno después de la tormenta, pero
el río está tan seco
como algunos corazones o es pedestre el pensamiento. ¿Quién
librará su propia batalla
junto al otro? ¿Quiénes libaran del aire las flores que planean
solidarias?
De vuelta ya a la noche, en algunas camas se ama de verdad o,
en otras, de puro aburrimiento
se fornica simplemente. La ciudad nunca duerme, siguen enjam-
breadas las aceras por el aire.
Camiones de basura, ambulancias, noctámbulos, ciegos, obtusos,
iluminados, bardos de las sombras.

Si hubiera un puente entre la vida y la nada, la nada ya sentó
plaza en el jardín botánico,
donde algunos amantes solo oyen el chasquido de la piel de
abiertos poros.
Lágrimas de cocodrilo en los 24 horas, putas desubicadas en los
pasos peatonales,
canciones del ayer por sumideros, y un fétido olor a palomas
muertas en la Plaza de la Merced.
Mas es hermosa mi ciudad; aún está, entre la mar y la montaña,
buscándose a sí misma; quiero decir,
los ciudadanos nos buscamos a nosotros mismos pues nosotros
somos la ciudad.

No sé quién eres. No sé si tal vez uno de esos fantasmas
que me habitan, y das vida a su imagen. La noche de los sueños
cubre paisajes urbanos, el otero que da al valle de uvas rojas;
noche de los sueños balanceándose en las sienes y en el sexo.
La noche de los sueños es una letra muy vívida, es un vitral sepia
sin embargo.
Me pesa haberme muerto esta noche. ¿Mañana resucitaré? Me
he muerto
contemplando tus ojos con una mudez insoportable. Raíz de
mis venas
en esta noche de los sueños, ahonda en los vestigios de la sangre.
Para vivirme nuevamente besaré un rostro de labios trémulos.
Será la mejor de las ocasiones para el latir del corazón, para la idea
más fecunda, para el gesto más valiente. Yo, que nunca ocupé la
Sorbona
ni cosas parecidas, para vivirme sostengo muchas cosas que ustedes
sostuvieron antes.

"Palabra
                    por palabra yo escribo la noche".
                    Alejandra Pizarnik

Palabra a palabra hallo la desnudez de la sombra iluminada
aun en la noche más desierta. Al filo de tu nombre, al igual
en el alféizar, descubro una a una sus maduradas letras.

Palabra a palabra —recóndita urdimbre— abandono
mi sentir en el umbral del dolor y de la dicha.

Palabra a palabra caligrafío tu piel, escancio vino
en tu boca, abrigo en tus senos el poema; es tu sexo
el oráculo que nuestra memoria revela.

Palabra a palabra desafío las noticias de la muerte
que traen las horas. Vivir es lumbre, señal, rastro
del paisaje donde la luz confirma su existencia.

A Natalia S. Ramos...

Francisco Aranda Cadenas

Benalmádena, a 3 de noviembre de 2017

John Keats

Oh Musa, abandóname a mi suerte, que los versos
que yo escriba no vengan revelados por tu aliento,
que la noche o el día en que yo escriba
nada tengan que ver con tu nombre, ni con el sol,
la sombra con la que te diriges a mí a veces.
Mi voz, mi sola voz le cante a ella, a vosotros, a nosotros.
Canto con el convencimiento de las aves, del árbol
en el bosque inexplorado, del horadar de la poesía
los babeles de la voz. Y no es mi canto el placer del canto solo,
sino también el de hallarme en medio de la calle,
    en mitad de los campos,
encontrando el verbo, las imágenes, el sonido, la pronunciación
cadenciosa de la mar o del viento.
        Aquí, oh Musa, he
de vérmelas
sin más compañía que la acequia de mi pecho, la palabra del otro,
aquella heredad de la palabra mía, sustancia nada más del tiempo.

Francisco Aranda Cadenas

Benalmádena, a 4 de noviembre de 2017

Siento que la noche tiembla entre mis manos,
que asido de la noche soy yo quien tiemblo,
y los viajeros del tren de cercanías me recuerdan
los pasados años siempre de viajero, siempre de viajero
a la ciudad que perdí a la edad de nueve años.

Te amo y te odio, ciudad de mis primeros años escolares,
ciudad hambrienta de mar, hambrienta de montes,
hambreante de los seres que te habitan.

Mas estoy aquí, parado ante la puerta
de la casa, en otro lugar donde la luz de los crepúsculos
anuncia la posibilidad de algún hallazgo.
Y es en la oscuridad, y es en el sueño, que conforman
palomas tus manos con mis manos, que tu piel
me hace abandonar ese frío de vivir a veces.

Has llegado con la mar dispuesta de tus ojos
a ser canción en mi pecho. Te escribo estos versos
en el amanecer del día, cuando le hurto besos al aire
porque está tu boca lejos,
          y te oigo respirar en la distancia,
mientras confío volvamos a ser un encuentro en el verbo y en la carne
de mañana.

A Natalia S. Ramos…

Francisco Aranda Cadenas
Benalmádena, a 1 de noviembre de 2017

A Marga Fernández

Ni siquiera Dios se regocija
en los alféizares del cielo,
ni es la primavera eterna,
ni ser buenos y felices es cierto y delicado.
Ya sabes, esa música interior, ese mínimo misterio,
eso que llamamos 'poética' nos salva
de la sangre y el mal gobierno.

"Lo filosófico es preguntar, lo poético es el hallazgo".
María Zambrano

Luis y Francisco en una Luna de Otoño